やさしい仏教の話

【心に響く3分間法話】

桜井　俊彦

さくらい　としひこ

法藏館

目次

月のうさぎ

負け残りジャンケン

仏滅のウソ

コロナ病棟にて

月のうさぎ

ミョウガを食べると……

お釈迦《しゃか》さまが教えを説かれた王舎城《おうしゃじょう》（本書二〇頁図参照）の近くの村に、チューダパンタカという人がいました。お経では、周利《しゅり》槃特《はんどく》という名前になっています。自分の名前が覚えられず、名前を書いた板を首からぶら下げていたとか背負《せお》っていたというので村人から笑われていました。お兄さんはとても頭のよい人で、お釈迦さまの弟子になっていました。それで、チューダパンタカも弟子になりたいと思っていました。もちろん、お釈迦さまの弟子たちは反対しました。お釈迦さまから聞いた教えをいくら伝えても覚えられないので、お兄さんからも弟子になることをあきらめるように言われました。

落ち込んでいるチューダパンタカを見て、お釈迦さまは弟子になることを許しました。いくら教えを説いても覚えられないチューダパンタカのために、「塵《ちり》をはらえ、垢《あか》をのぞけ」ということばを、ほうきを持って掃除をしながらとなえるように言いました。短いことばでもチューダパンタカにとっては大変なことでした。

毎日毎日掃除を続けているうちに、チューダパンタカはふと気づきました。「塵や垢とは自分のとらわれの心」だと。さとりをひらいたのです。

そしてお釈迦さまは、自分のかわりに人びとにその話をするようにと、チューダパンタカをとなりの村へ行かせました。最初は「あの笑いもののチューダパンタカの話?」と馬鹿にしていた村人も、短い言葉であっても自身のさとりをチューダパンタカが説いたので、みんな感動し尊敬するようになりました。チューダパンタカがなくなったあと、村人たちは墓をたてました。その墓のまわりにミョウガが生えました。日本で、「ミョウガ(茗荷)を食べると物忘れがひどくなる」といわれるようになったのは、この名前(茗)を背負って(荷)いたチューダパンタカの逸話が元になっています。

お釈迦さまは、「勉強(学問)ができなくても実践《じっせん》をとおしてさとりをひらくことができる」ことを教えられたのです。仏教は人間の知的理解を超えたものです。

高野豆腐

高野豆腐《こうやどうふ》は、和歌山県の高野山でつくられたので、この名前がつきました。高野山は、弘法大師空海《こうぼうだいしくうかい》の修行地の名前で、山の名前ではありません。お坊さんたちが食べる精進《しょうじん》料理をつくるために、冬に豆腐を外に出しておいたら凍ってしまったのが、高野豆腐のはじまりといわれています。

高野豆腐は、良質なたんぱく質やカルシウムなどの栄養素が豊富で、コレステロール値を下げたり骨粗《こつそ》しょう症の予防などにも効果があるといわれている健康食品です。現在は九十八パーセントが長野県で製造されていて、高野山ではつくられていないそうです。凍《こお》り豆腐、凍《し》み豆腐ともいいます。

ほとんどの人は、高野豆腐の袋の裏にある「もどし方」のとおり、六十度のお湯でもどして使うようですが、製造元の社長や地元の人は、熱湯をそそいで食べているそうです。ためしに同じように熱湯でもどしたら、プルンプルンでとてもおいしくなりました。製造元では、熱湯でやけどをしないように、六十度のお湯をすすめているのだそうです。

簡単にだし汁をつくるには、白だしを使うと便利でとてもおいしいです。麩《ふ》も同様です。もどした後、高野豆腐のお湯を十分にしぼって煮物や汁物に入れると、だしがしみこんでおいしくなります。十分にしぼらないと、味がうすくなっておいしくありません。

人間は欲の多い自己中心的な生き物です。ですから、お釈迦さまは「とらわれを離れよ」「欲をすてよ」と言われます。

「執着《しゅうじゃく》があれば、それに酔わされて、ものの姿をよく見ることができない。執着を離れると、ものの姿をよく知ることができる。だから執着を離れた心に、ものはかえって生きてくる」（『法句経《ほっくぎょう》』）。

この世の欲望という欲（執着）を捨てると、仏さまの教えが生きてきます。

カレーライスとインドの宗教

ヒンズー教徒は、牛を神さまとするので牛肉を食べません。イスラム教徒は、豚を不浄《ふじょう》な動物とするので豚肉を食べません。

インドでは、ヒンズー教徒はイスラム教徒のことを思いやり「豚肉」を食べないことにし、イスラム教徒はヒンズー教徒のことを思いやり「牛肉」を食べないことにしました。ですからインドのカレーには、チキンカレーはありますが、ポークカレーやビーフカレーはありません。

インドでは、キーマカレーも人気があります。「キーマ」とはヒンディー語で「細かいもの」の意で、キーマカレーは「ひき肉」「細《こま》切れ肉」のカレーをいい、羊《ひつじ》か山羊《やぎ》か鶏の肉を用います。また、インドを統治していたイギリスにもインドの習慣が伝わったので、イギリスのカレーもチキンカレーだけです。カレーライスから、ヒンズー教とイスラム教の思いやりの心が見えてきておもしろいですね。

インドには、バラモン教が四千年前からありました。お釈迦《しゃか》さまが活躍された二千四百年ほど前に、仏教以外に新しい宗教が六つ生まれましたが、現在でも残っているのは、一時ほろんで復活した仏教とジャイナ教です。バラモン教は、時代とともに教えが変わり、発展してヒンズー教になりました。お釈迦さまもヒンズー教の神さまの一人になっているので、ヒンズー教と仏教は良い関係にあります。

インドはイギリスの植民地でしたが、ガンジーの非暴力による独立運動で、一九四七年に独立しました。もともとインドではイスラム教徒もヒンズー教徒も仲よく住んでいました。しかし、イギリスがインドを手ばなすとき、その後も影響を与えやすいようにイスラム教徒の多いパキスタンとヒンズー教徒の多いインドに分けました。

西洋思想は二元論といわれるように、善悪・正邪《せいじゃ》など二つに分けてものを見ます。インド思想は一元論で、「梵我《ぼんが》一如《いちにょ》」（神さまと私は一つ）と、違った二つのものを一つに見ます。若い人が多いインドは、二〇二三年に中国を抜いて世界一の人口になりました。世界の平和をリードする国として期待したいことです。

げんげ

「げんげ」という名の日本海でとれる深海魚がいます。

はじめて見たのは平成のはじめごろで、金沢の近江町市場でした。体長二、十センチメートルあまり、顔はグロテスクで気持ち悪く、身は白く透明感があり、全身が透明のゼラチンでおおわれていました。ザルに六尾ほどのって、三百円そこそこでした。

げんげは、富山湾の水深二百メートル以上の深海にすんでいて、九月から五月にとれます。漁師たちから「下の下」と呼ばれていました。「下の下」の魚だから「げんげ」と名前がついたともいわれています。水分が多く劣化がはやいので、以前は雑魚《ざこ》として捨てられていました。山形県や秋田県、兵庫県、京都府でもとれ、「げんげ」「げんげんぼう」「水魚《すいぎょ》」「幻魚《げんぎょ》」など地方や漁港によって名前がいろいろありますが、学名が「ゲンゲ科ノロゲンゲ属」なので、呼び方としては「げんげ」が無難《ぶなん》なようです。

新潟県では干物《ひもの》にすることが多いようで、あぶって食べると酒の肴《さかな》にぴったり。北海道でもとれますが、四十センチメートルほどの大きいものでした。

刺身、天ぷら、唐揚げ、煮物、お吸い物にと調理法も多様で、干物、鍋料理にも使われています。ふわふわ、プルンプルンした食感でコラーゲンもたっぷりなので、二〇一五年に北陸新幹線長野―金沢間が開通してからは、金沢をおとずれる女性にとくに人気が出ています。一般に知られていない幻の魚なので「幻魚」の名でひろまり、魚の輸送システムがすすんで料理屋や高級料亭でも使われるようになりました。

私はこの魚を見るたびに、法然《ほうねん》さまのことばを思い出します。「極悪最下《ごくあくさいげ》の人のために極善最上《ごくぜんさいじょう》の法を説く」（『選択集《せんじゃくしゅう》』）。仏さまの光に照らされて生かされる、救いようのない「下の下」の者（極悪最下）に、最もすぐれた（極善最上）教えを説く。念仏《ねんぶつ》はどんな人でも救われる教えであり、どんな人でも実行できる。私のような凡夫《ぼんぶ》のための教えですね。

朝、五分間の……

池袋サンシャインシティの近くに豊島岡女子学園があります。

この学校では、授業が始まる前の五分間、一八〇〇人あまりの中高生がいっせいに赤い糸で白い布を縫い始めます。「運針《うんしん》」という六十年以上続くこの学校の伝統です。

豊島岡女子学園は女子高として国立の一流大学への進学者が多いことで有名でしたが、二〇二二年は理学・工学系の大学への進学者が多く、なかでも六人に一人は医師の道に進んでいるとのことです。

また、一九八八年に千葉県の女子高校から始まった「朝の読書」運動が、全国の小中学校でおし進められています。読みたい本を十分間自由に読みます。学力の向上はもとより、遅刻がなくなった、いじめが少なくなった、子どもの落ち着きが見られるようになった、などの成果があがっているようです。

「読書三昧《ざんまい》」といいますが、「三昧《さんまい》」は仏教のことばです。古いインドのことば「サマーディ」からきています。仏さまの智慧《ちえ》がはたらいて「心がしずかに統一されて、やすらかになっている状態」をいいます。

仏教徒は、朝夕に仏壇に向かって拝んでからご飯を食べる習慣があります。そうした毎日の習慣の中に、「三昧」が取り入れられていたのでしょう。

朝の五分間、何かに集中することは、新しい一日のスタートのために、心をしずめてみずからを振りかえる効果があります。ストレスがたまって、腹が立つ、切れるなど、さまざまな問題がおきています。子どものころから「心にゆとり」をもつ習慣を身につけたいものです。

集中とリラックス

スポーツの世界では「集中とリラックス」のバランスがうまくとれているかが問題にされます。

ゴルフもテニスも野球も相撲も、あらゆるスポーツに共通しているようです。科学的根拠を示すために、時々テレビでも実験の報告をしています。

ＮＨＫのテレビ番組「ためしてガッテン」のゴルフの実験では、「スーッと声を出してクラブを引き、ガーッとできるだけ大きな声を出して打つ」ものでした。すると全体の飛距離の平均が一割ほどのびるという結果が出ました。他の番組の実験でも、一割ほどスピードが速くなっていました。どんなことばでもいいようです。とくにテニスの試合を見ていると、サーブを打つときに選手が大きな声を出しています。

私の父（桜井鎔俊《ようしゅん》）は、八十年前に活躍し大リーグの打撃の神さまといわれたスタン・ミュージアルの話が得意でした。父は、「打撃のコツは集中したままリラックスを同時にできるかどうかだ」という彼のことばに注目しました。「集中とリラックス」という、矛盾した真反対のことがうまくできたときうまくいく、と言います。「矛盾を矛盾のまま、同時に成り立たせるのが仏教の真理であり、さとりです」と、父は力説していました。悪人の自覚をしたものこそ救われる、とする親鸞《しんらん》さまの「悪人正機《あくにんしょうき》」を説明するためにこの話を使っていました。

それは、仏教の理論としてあるだけでなく、政治・経済・スポーツなどあらゆる分野での問題を解決する道としてあります。念仏《ねんぶつ》には「救われない者（凡夫《ぼんぶ》の自覚）が絶対救われる（仏の救済）という真反対のことが同時になり立つ」（二種深信《にしゅじんしん》）という仕組みがすでにできているので、おのずからうまくいきます。

お釈迦《しゃか》さまの教えは聞くだけでなく実行しなければ意味がありません。ゴルフもテニスもボールを打ってみなければこの話はわからないでしょう。大リーグで活躍している大谷翔平選手も、ＷＢＣ（ワールド・ベースボール・クラシック）で気合をいれてボールを投げるとき「オリャーッ」と大きな声を出していました。さぁ、あなたも試してみませんか。

カメラは仏さま？

郊外の道路脇にゴミを不法投棄されて困っている人がいました。「ゴミを捨てないで」「ゴミ捨て禁止」など、いくら貼り紙をしても効果がありません。最後に思いついて、不法投棄される場所に全身がうつる鏡を置くと、投棄がなくなったそうです。

悪いことと知っていて捨てる自分の姿を見せられて、反省心がおこり良心がとがめたのでしょう。それまで気づいていなかった自分に気づいてもらう、名案だと思いました。

私の住んでいるとなりの練馬区に畑がたくさんあり、ところどころに野菜の無人販売所があります。それをみると「人と人との信頼の証《あかし》」と思えて、ほのぼのとした気持ちになります。反対に、「代金を置かずに持っていった」「野菜や果物が収穫直前に盗難にあった」というニュースを見るとがっかりしてしまいます。

新型コロナウイルス感染症の影響で、餃子の無人販売機など非接触形式の販売方法が増えましたが、同時に盗難の被害も増えています。また、神社やお寺で賽銭《さいせん》泥棒のニュースがよく流れます。なかには賽銭箱ごと盗まれることもありました。仏像が盗まれたニュースもありました。仏さまを敬《うやま》う心がなくなったと思うと悲しくなってしまいます。


監視カメラは犯罪の犯人検挙に、ドライブ・レコーダーはあおり運転や交通事故に、テニスや野球・相撲で人間の目では判断できない判定に、とカメラが大活躍していま す。正しいかまちがっているかの判断、犯罪を防ぐ手段として、生活のなかでカメラは欠かせない存在になっています。

宗教心がなくなって、仏さまの役目はカメラに変わってしまったのでしょうか。仏さまは自分をうつす鏡としたいものです。

型破りの俳句

芸能人がつくった俳句を添削する「プレバト!!」というテレビ番組があります。

二〇一二年に始まった番組で、俳句ブームの火付け役を果たしました。四、五人の芸能人の俳句が名前をふせて先生に添削《てんさく》され、「才能ナシ」「凡人」「才能アリ」と採点されます。「才能アリ」が続くと、特待生→名人→永世名人と昇格します。

宮崎県知事の経験もある東 国原《ひがしこくばる》英夫さんは、他の出演者と少し角度を変えた目線で俳句を詠《よ》むので、私も出演者も関心をもって見ていました。

二〇二一年の三月に放送された番組を見て驚きました。お題は「家電量販店」でした。名人四段の東国原さんは次のように詠みました。

テレビテレビテレビテレビ菫《すみれ》 菫菫

私は、アッと驚きました。スタジオの人たちもみんな驚きました。俳句の基本は五・七・五の十七文字の中に季語を入れて詠みますが、東国原さんの俳句は、なんとも型破りの俳句だったからです。

そして添削する夏井いつきさんは、「ワンランクアップ」「現状維持」「ワンランクダウン」の三つの中から、「現状維持」の札を出しました。

夏井さんが「名人」の梅沢富美男《とみお》さんに感想を求めると、梅沢さんは「何にも言えません」と答えました。夏井さんは「直観で詠んだ句ですから、私にはこの句は採点できません。ですから現状維持としました」と理由を説明しました。

私は、詠んだ東国原さんもすばらしいが、梅沢さんも夏井さんも「正直ですばらしい姿勢」と心の中で手をたたきました。

一九一一年（明治四十四）に発行された『善の研究』で世界的に有名になった石川県出身の哲学者西田幾多郎《きたろう》博士は、「直観」ということばをよく使っています。宗教の世界、信仰の世界に自分の思いや考えをさしはさまないことを示したことばです。この俳句の評価と重ねて味わいました。

水平線

二〇二一年十月のある日の午後、金沢市の繁華街香林坊から片町に向かって歩いていると、耳に残る心地よいメロディーが聞こえてきました。音はカラオケボックスの店頭のスピーカーから流れていて、思わず立ち止まって最後まで聴《き》いてしまいました。歌詞も、ひきつける力のあるすばらしいものでした。もう一度聴いてみたいと思いながらも、曲名も歌手名もわからないのであきらめていました。

半月ほどたったある日、たまたまテレビからその歌が流れてきました。back number（バックナンバー）という男性三人組のグループが歌う『水平線』という歌でした。

この歌は、前年群馬県で開かれる予定だったインターハイ（全国高等学校総合体育大会）が新型コロナウイルスの影響で中止になったので、高校生が群馬県出身のback numberに依頼してできあがった曲でした。大会がなくなり悲しんでいる高校生たちに向けて作られたもので、この年にＣＤが発売されました。目標を失った高校生の悲しみ・悩みに寄り添った歌詞です。そうした経験は決して無駄ではなくいつか思いやりへと変わる。悲しみと喜びとに分かれていた川が海に入って一つとなり、その経験がいつか人生の宝物となって光を放つことを伝えたいのだと歌詞からうかがえます。

親鸞《しんらん》さまは、ご著書『教行信証《きょうぎょうしんしょう》』の一七二か所に「海」の字を使われていますが、「煩悩《ぼんのう》にまみれた人間のまよいの海と仏さまのさとりの海は一つ」と味わっておられます。仏さまに生かされていることに気づくと見方が変わります。柿の渋が太陽に当たると甘くなる枯露柿《ころがき》のように、「渋柿の渋がそのまま甘さかな」です。

新型コロナウイルスで人心がすさんでいるからこそ仏教の出番です。歌の世界に負けないように、仏教が心のよりどころになるように社会に安らぎを届けてゆきましょう。

獺祭とカワウソ

日本酒で有名な「獺祭《だっさい》」の焼酎《しょうちゅう》をはじめて飲んだとき、香りも味もよかったので思わず「うまい！」と声が出ました。

居酒屋が「獺祭あります」という看板を出すほどに、今では日本酒のトップに立ったと言えるお酒です。パリの三ツ星レストランのワインリストに載ったことから話題になりました。私は、読みにくい「獺」という漢字を商品名に使ったことに驚きました。

山口県岩国市にある酒造会社の三代目の社長が、普通酒や紙パック酒の製造を廃止し、高級なお酒といわれる大吟醸酒《ぎんじょうしゅ》か吟醸酒だけをつくることにしました。そして、一九九〇年に「獺祭」の銘柄が考案されました。高級酒をつくるために、米を磨けば磨くほど時間もかかり、生産コストもあがりますが、新しい酒づくりをめざし、従来のように杜氏《とうじ》（酒づくりの専門家）をおかず、社長と数人の社員だけでつくることにし

たのです。それが成功して、二〇二二年には社員は二百人に増え、二〇二三年には
ニューヨークに酒蔵をつくりました。
「獺祭」の名前の由来は二つあります。一つは酒蔵が獺越《おそごえ》という地にあったことで、
そこにはむかし獺《かわうそ》がすんでいたとの伝説が残っていました。もう一つは、正岡子規《まさおかしき》の
号が「獺祭書屋主人《だっさいしょおくしゅじん》」で、俳句の世界の革新をこころみた子規にならって、日本酒の
世界を革新する意味で名づけられました。
さらにさかのぼると、「獺祭」ということばは、儒教の経典の一つ『礼記《らいき》』に「獺祭《だっさい》
魚《ぎょ》」（獺は魚をまつる）との記述が元になっています。獺が自分のとった魚を食べる前
に並べる様子が、人が物を供《そな》えてまつるのに似ているからといわれます。また、詩や
文章などをつくるときに多くの参考書を並べることも、そう呼ばれます。
獺がお釈迦《しゃか》さまの前世《ぜんせ》物語「月のうさぎ」の話に登場するので、私は満月を見るた
びにその話を思い出しています。

月のうさぎ

昔、ある森の中にうさぎ、サル、サイ、カワウソの四匹の動物がすんでいました。うさぎは「仲よく暮らすきまり〈戒《かい》〉を守り、修行者に施し物〈布施《ふせ》〉をすることが大切」と、三匹の動物たちにいつも説いていました。

そこへ、修行中のバラモン（お坊さん）が通りかかりました。動物たちはバラモンに布施をしようと森に入って、サルは果実を、サイはトカゲを、カワウソは魚を取ってきて捧げました。しかし、うさぎは何も取ってくることができませんでした。

そこで、自分の体を焼いて捧げようと枯れ枝を集めてきて火をつけてもらい、その火の中に飛び込みましたが体は焼けず、かえって雪の蔵の中にいるようでした。不思議に思いその理由をバラモンに尋ねると、「私は天の帝釈天《たいしゃくてん》（インドの神）である。お前の心をためそうとして来たのだ」と言いました。

帝釈天は、うさぎの立派な心がけを全世界に知らせるために、月にうさぎの姿を描いて天にのぼっていきました。その後もうさぎをリーダーとして四匹の動物は仲よく暮らしました。お釈迦《しゃか》さまは、「そのときのサルは舎利弗《しゃりほつ》、サイは目連《もくれん》、カワウソは阿難《あなん》で、うさぎは私である」と、ご自身と仏弟子の関係にたとえていわれました。

お釈迦さまの前世《ぜんせ》物語『ジャータカ』にある話です。日本でも、平安時代につくられた説話集『今昔《こんじゃく》物語』にあり、江戸時代の良寛《りょうかん》さまも長歌《ちょうか》を詠《よ》まれています。布施の「布」という漢字には、「広げる」「行き渡らせる」という意味があります。人のために広く施す布施の行いは人間のとらわれの心、自己中心的な心を離れるためにも大事なことです。ボランティア活動などを子どものころから習慣づけることも大切でしょう。見返りを求めないで施し物をすることは、「あれがほしい、これがほしい」という欲ばりな心をおさえ、「自分さえよければいい」という心を変えてくれます。

ティラウラコット（カピラ城、ネパール説）
ルンビニー（誕生の地）
サヘート
（祇園精舎　布教拠点）
ピプラーワー
（カピラ城、インド説）
クシーナガル
（涅槃の地）
国境
ヴァイシャーリ
（布教の地）
サールナート
（鹿野苑　初転法輪の地）
ヴァラナシ
（ベナレス）
ラージャグリハ
（王舎城　布教拠点）
ブッダガヤー
（成道の地）
ネパール
デリー
ヴァラナシ（ベナレス）
インド
コルカタ（カルカッタ）
ムンバイ（ボンベイ）
チェンナイ（マドラス）
N

お釈迦さまの足跡

負け残りジャンケン

こんにちは

北九州市であった話です。

昼まだ明るいとき、公園で八歳の女の子が若い男性に腕をつかまれ、連れ去られそうになりました。女の子は大声を出したいけれど、こわくて声が出せませんでした。

そのとき、ふと名案が浮かびました。道ですれちがう大人の人たちに、つぎつぎと「こんにちは！」「こんにちは！」とあいさつをしました。知らない子に声をかけられた人も「こんにちは！」と返しました。男性は、「こんなに多くの人に顔を覚えられたらすぐにつかまってしまう」と思ったのでしょう。女の子の手を離して急いで逃げてゆきました。

「こんにちは」ということばは、「今日《こんにち》はご機《き》嫌《げん》いかがですか?」の「ご機嫌」以下が省略されるようになり、「こんにちは」となりました。ですから、「こんにちわ」と表記するのは誤りです。「おはよう」は、自分より先に出て来ていた人に対して、後から来た人が「お早いお着きですね」という意味で使われました。使えるのは、午前十一時ごろまでが目安といわれています。

防犯の専門家は「家の付近に知らない人や不審者を見かけたら、声をかけることが最良の防犯になります」と言っています。監視カメラは「見られている」と思わせる効果があります。声かけは「知られている」と印象づける効果があるのでしょう。

また、マンションで一人で留守番をしている子どもの被害が増えています。家に人がいなくても、帰ったときは「ただいま！」と声を出すことが防犯になります。

俳人千代尼《はいじんちよに》（千代女）が住んでいた場所から近い石川県の加賀温泉駅に、次のような小学生の俳句が貼ってありました。

「あいさつは人と人を結ぶ糸」

私は、「念仏《ねんぶつ》は仏と私を結ぶ声」と味わいました。

やさしいウソ

ドイツのデュッセルドルフであった話です。

ある老人ホームでは、認知症の入居者が徘回《はいかい》して行方不明になるので問題となっていました。そこで、その施設に働く職員が名案を出しました。

施設の前に、ニセのバス停をつくってベンチを置いたのです。認知症の老人は、そのベンチに座ってバスが来るのを待ちますが、いくら待ってもバスは来ません。そのうち職員が連れ戻します。

本人を傷つけずたいへん効果のある方法なので、ヨーロッパでは各地で採用されているそうです。

『法華経《ほけきょう》』という有名なお経の中に、「三車火宅《さんしゃかたく》のたとえ」があります。

お金持ちの人の家が火事になりました。たまたま外にいたお金持ちは家に帰ると火事に驚いて子どもたちを呼びましたが、子どもたちは遊びに夢中になっていて火に気づきません。お父さんは子どもたちに向かって、「子どもたちよ逃げなさい。家から出なさい」と叫びましたが、子どもたちは出てきません。そこでお父さんは言い方を変えました。

「家の外に珍しい車が通るよ。羊の車、鹿の車、牛の車が通るよ。早く出てきなさい」

子どもたちは火の家から飛び出して、火事からのがれることができました。お父さんは、大きな白い牛の車をみんなに与えました。

お釈迦《しゃか》さまは、「この世は火の家である。ところが人びとは家の燃えていることを知らず、焼け死ぬかも知れない恐れの中にある。だから、仏は大悲の心から限りなくさまざまに手段をめぐらせて人びとを救う」と言われました。

私たちはこの子どもたちと同じで、たくさんの欲にふりまわされてこの世が火事だと気づきません。仏さまの教えにふれて煩悩《ぼんのう》が燃えさかる火の家だと気づかせていただきましょう。

「方便」とはウソではなく、真実へとみちびく手だてを言います。

負け残りジャンケン

　サンタクロースがクリスマスプレゼントを配るなら、貧しい人から先にまわるのではないでしょうか。

　私は東方学院《とうほうがくいん》で研究会員として四十年間（中村元《はじめ》先生から二十四年間）学ばせていただきました。その内、東方学院の事務局員として、恩師中村元先生（一九一二〜一九九九）のご晩年の五年間、毎週月曜日に久我山のご自宅→神田明神前の研究所→大手町の講義会場→ご自宅へ、とマイカーで送迎する貴重な経験をさせていただきました。先生がご往生《おうじょう》されたあとは、奥様の洛子《らくこ》先生が理事長となり、事務局長に長女の三木純子《すみこ》さん（現、中村元記念館名誉館長）が就《つ》かれました。

　ある年の研究員・事務局員が三十人ほど集まった忘年会のことでした。神田明神内の会館が会場だったと思います。語り合いを楽しんで閉会の時間が近くなったので、司会者に断って私は立ち上がって次のように言いました。

「せっかくの忘年会ですから、余興として簡単なジャンケンゲームをしたいと思います。通常のジャンケンは勝った人が残りますが、私は〈敗者にこそ幸《さち》あれ〉といつも思っています。練習に私一人と会場の皆さん全員とでジャンケンをしてみましょう。まず全員手をあげてください。勝った人・あいこの人は手をおろしてください。負けた人だけ手をあげておいてください」（少人数の集まりでは「あいこは残り」がおすすめ）。

「それでは本番いきます。きょうは中村先生の代わりに、事務局のお手伝いをしていただいているお孫さんのAさんと皆さんでジャンケンをしていただきます」

飲食だけで終わらず、忘年会の雰囲気が出て簡単に盛り上げることができますから、ぜひ皆さんもためしてみてください。プレゼントは何でも構いませんが、忘年会の時期には宝くじは安くて夢があるので盛り上がることはまちがいありません。

「仏の大悲《だいひ》もまた、すべての人びとに平等に向かうけれども、ことに罪の重い者、愚かさゆえに悩める者に慈《いつく》しみとあわれみとをかける」（『法華経《ほけきょう》』）ということばを応用して宴会用に考えたゲームです。

令和と聖徳太子

「令和」の元号を考えた中西進さんは、「令和の『和』は、聖徳太子の『十七条憲法』の『和《わ》をもって貴《とうと》しとなす』につながるものです」と言っています。

私は『十七条憲法』の中で、特に第十条に注目しています。「自分と意見がちがうと言って人を怒ってはいけません。……人はみんな自分を中心にした考えをもっています。ですから、自分だけが正しいのではありません」ということばがあります。

それにはまず、第十条の「ともに凡夫《ぼんぶ》（まよいの人）」というところに立つことが出発点です。それは仏教をよりどころ（第二条）としていて、和（第一条）が実現されることになります。和とは、意見が合うもの同士の集まりではなく、対立する者までも包んでゆく。お釈迦さまが「異なる楽器がひとつの曲をかなでるように」と言われたように、異なるものを受けいれる寛容の心が大事です。

お釈迦《しゃか》さまは「和せない音が和すのがさとりの世界」（「宮商自然《きゅうしょうじねん》にあい和《わ》す」。『大無量《だいむりょう》寿経《じゅきょう》』）と言われ、親鸞《しんらん》さまも（「宮商和して自然なり」。『浄土和讃《じょうどわさん》』）同じことを言われています。仮に宮をドの音とすると商はレの音にあたります。西洋音楽ではドとレの音を同時に鳴らすとぶつかりあって不協和音といわれるように、ふつうの人間の世界では、どこまでいってもドとレは不協和音として和すことがありません。ところが雅楽《ががく》の笙《しょう》のように、古くからアジアではドとレを同時に鳴らしても和する響きとしてとらえてきました。『十七条憲法』の和は単なる協和音ではなく、不協和音をも含むハーモニー（調和）です。

中村元《はじめ》先生は「慈悲の精神は、まず自分を反省してみて、次いで人の身になって考えるというところから出発する」「和は仏教の慈悲の立場の実践的展開」と言われるように、『十七条憲法』は仏さまの慈悲の心を裏づけとしています。

他の条には、役人（官僚）の心構えが書かれています。「私利私欲の禁止」「法律の遵守《じゅんしゅ》」「贈収賄《ぞうしゅうわい》の禁止」「適材適所の配置」「独断でなく協議を重視」。人として当然のことなのですが、役人だけでなく令和の時代に生きる私たちも耳を傾けるべきことばではないでしょうか。

きのこ雲、誇れますか

「きのこ雲の下にいたのは兵士ではなく市民でした。罪のない人たちの命を奪うことを誇りに感じるべきでしょうか」と、古賀野々華《こがののか》さんは問いかけました。

福岡県の高校三年生の彼女が留学した高校は、アメリカ西海岸ワシントン州のリッチランド高校でした。リッチランドは、長崎に投下された原爆の原料プルトニウムを生産して町が発展したため「原子力の町」と呼ばれていました。「きのこ雲」は町や高校のシンボルマークになっており、学校の歴史の授業でも「原爆のおかげで戦争が終わった」と教えられていました。

古賀さんは、小学校の修学旅行のとき長崎原爆資料館で見た非常にすさまじい様子を思い出して疑問に思いました。一年間の留学を終え帰国を間近にひかえた二〇一九年五月三十日、周囲の人たちに背中を押されて校内向けの動画に出演しました。原爆投下で大勢の市民が犠牲になったこと、日本では原爆の恐怖を学び犠牲者を悼《いた》む「平和の日」があることなどを紹介して、「きのこ雲に誇りを感じることはできません」と締めくくりました。「あの動画がなければ日本人の気持ちを知る機会は一生なかった」と、彼女の勇気ある行動を同級生が称賛したことが地元紙に掲載されました。

私はこの話を聞いて、古賀さんもすばらしいが、原爆を肯定的にとらえる環境にありながら「(勝利者側の一方的評価だけを信じてきたことに)反省をこめて異なった意見を受けいれる」アメリカの高校生たちの受け止め方がすばらしい、と思いました。これこそ「寛容の精神」の実例で、そこにほんとうの意味での「和」が生まれると思いました。

令和の「和」は聖徳太子の『十七条憲法』にいう「和」です。「和」はあわれみ慈《いつく》しむ仏さまの慈悲から出てきます。仏さまにめざめ、仏さまに生かされて生きる平和な時代にしたいものです。

仏さまを敬う心

「このごろ都にはやるもの、夜討《ようち》・強盗・謀綸旨《にせりんじ》（ニセの天皇の命令）……」。鎌倉幕府が終わって後醍醐《ごだいご》天皇による建武《けんむ》の新政《しんせい》が始まったころ、当時の世相をあらわした京都の二条河原に立てられた落書《らくしょ》です。

二〇二二～二三年の世相を見ていますと、人をだましてお金をとる「振り込め詐欺《さぎ》」にとどまらず、白昼堂々と繁華街で強盗をはたらく事件が多発して、物騒な世の中になりました。外国から「日本は治安のよい国」と評価を得ていたのに残念なことです。被害者の悲しみはもとより、加害者の側も一人の問題ではなく、家族、親戚までもが世の中から冷たい視線を浴びることを思うと心が痛みます。

まよいの世界を生まれ変わりする仏教の六道輪廻《ろくどうりんね》（すべての生き物が、地獄・餓鬼《がき》・畜生・修羅《しゅら》・人間・天《てん》の世界に生死《しょうじ》を繰り返しまよい続けること。本書九〇頁図参照）で説く地獄の思想は、「悪いことをしてはいけない」という道徳観を養って、人をだましたり、傷つけたり、殺したりすることにブレーキをかけてきたように思います。

仏教には、人として守るべき「五戒《ごかい》」があります。一、生き物を殺さない。二、盗みをしない。三、男女の関係を乱さない。四、嘘《うそ》をつかない。五、酒を飲まない。

また、人の道、仏の道に逆らう五つの極悪《ごくあく》な罪「五逆罪《ごぎゃくざい》」があります。一、父を殺す。二、母を殺す。三、宗教的にすぐれた尊い人を殺す。四、仏さまの身体《からだ》を傷つける。五、仏法を求めるグループを壊す。

これは犯してはならない大罪《たいざい》で、休む時間もなく苦しみを受ける無間《むけん》地獄に堕《お》ちると恐れられていました。「治安のよい国」は、こうした罪を怖《おそ》れ仏さまを敬《うやま》う思いがあってつくられてきたのではないでしょうか。

親鸞《しんらん》さまは、「さとりの国に生まれたい者は、あつく敬う心で阿弥陀仏《あみだぶつ》を疑いなく信じ、お念仏《ねんぶつ》を称えるがよい」（『高僧和讃《こうそうわさん》』）と言われています。

おろかな人はかしこい

東方学院《とうほうがくいん》の講義で、中村元《はじめ》先生が漢文のことばを黒板に書かれました。「不得外現賢善精進之相、内懐虚仮」。「桜井さん、これでいいですか?」と百人ほどの受講生の前で私に尋ねられました。確信のなかった私は、「そうだと思いますが……」と語尾をにごし、帰宅後に『浄土真宗聖典』を調べてノートに記しておきました。中村先生が「寺小屋」と呼ばれた生涯学習の私塾「東方学院」は、質問・発言が自由にでき笑いもよくおきる明るい雰囲気でした。大学の先生や僧侶も聴講されているので、中村先生も記憶が不確かな場合は、よく聞いておられました。

五年ほどのちまた同じように聞かれました。今度は、自信をもって「はい、そうです」と答えました。親鸞《しんらん》さまの『愚禿鈔《ぐとくしょう》』という本の中にあることばでした。

【通常の読み方】外《そと》に賢善精進《けんぜんしょうじん》の相《そう》を現《げん》じて、内《うち》に虚仮《こけ》を懐《いだ》くことを得《え》ざれ。

〈賢者や善人らしくつとめはげむすがたをあらわすなら、心の中にいつわりをい

だいてはならない〉

【親鸞の読み替え】外《ほか》に賢善精進の相を現ずることを得ざれ、内に虚仮を懐ければなり。〈うわべを飾ってはならない。心の中がいつわりだらけなのだから〉

通常は右のように読むところを、親鸞さまは左のように読み替えられました。

「仏さまの真実に照らされて自分の心を見ると、うそいつわりばかりではないか」という、親鸞さまの煩悩《ぼんのう》に束縛《そくばく》されているおろかな人間「凡夫《ぼんぶ》」の自覚、反省のことばですね。また、右は教えるお釈迦《しゃか》さまの立場、左は教えを受ける凡人の立場と言えないでしょうか。

私は、原典にあたる重要さを学ぶとともに、先生がよほど大切にされていることばなのだろうと思いました。先生は毎朝、「三帰依文《さんきえもん》」・「般若心経《はんにゃしんぎょう》」・「四弘誓願《しぐぜいかん》」（あらゆる生きものを救いたいという四つの誓《ちか》い）・「生活信条」を読んでおられたそうです。

お釈迦さまは、「もしも愚者《ぐしゃ》がみずから愚であると知れば、すなわち賢者《けんじゃ》である。愚者でありながらもしかもみずから賢者と思う者こそ、愚者と名づけられる」（『法句《ほっく》経《ぎょう》』）と言われています。

コロナ尊者

二〇二〇年四月、新型コロナウイルス対策のため東京都の自粛要請に続いて政府から緊急事態宣言が出されました。

自粛は店舗によっては実質の休業要請でしたから、非正規社員の友人が仕事をやめさせられました。

落ち込んでいる友人に少しでも心を軽くもってもらいたいと思い、「禍福《かふく》はあざなえる縄のごとし」の話（本書六四頁）をし、「人生は時代劇のようなもの。みんなが善人役では芝居にはならない。悪役もいてこそハラハラドキドキする。仏教の見方は、善人役、悪人役がいて私を育ててくれる」と、王舎城《おうしゃじょう》の悲劇に対する親鸞《しんらん》さまの見方を念頭において話しました。「王舎城の悲劇」とは、紀元前四百年ごろにインドでおきた事件で、親にうらみを抱いた阿闍世《あじゃせ》太子が父である王さまを殺し母のお妃《きさき》さまも部屋にとじこめますが、最後は深く後悔してお釈迦《しゃか》さまの教えで救われる話です。

翌日、真々園《しんしんえん》の法座《ほうざ》で親鸞さまの書かれた『浄土和讃《じょうどわさん》』を読み進めていくと、王舎城の悲劇の話が出てきました。この事件の火付け役でもあり、お釈迦さまを殺そうとさえした提婆達多《だいばだった》を、親鸞さまは「提婆尊者《そんじゃ》」と敬《うやま》われているのです。その理由は、『教行信証《きょうぎょうしんしょう》』の序文に「王舎城の悲劇に登場するすべての人物は、阿弥陀如来《あみだにょらい》がすべての（宗教的）悪人を救わなければやまないという広大な願いをあらわそうと手だてを尽くされた」と書かれていることから理解できます。

まよいの目からはただの悪人（悪行）や悲劇としか見えない中に、まよいの人間には見えない大切なことを教える「仏さまの大きな慈悲《じひ》」と見えるのでしょう。

真々園にお参りされていたOさんは、「コロナもコロナ尊者かもしれませんね。ナムアミダブツ……」とありがたそうに帰られました。

お釈迦さまは「仏はただ仏として現れるだけでなく、あるときは悪魔となり、あるときは女の姿となり、神々の像となり、国王、大臣となり、あるいは娼婦《しょうふ》の家、賭博《とばく》者《しゃ》の家にも現れる」（『法華経《ほけきょう》』）と言われています。

長災王の遺言

昔、長災《ちょうさい》王という王がいた。隣国《りんこく》の戦《いくさ》を好むブラフマダッタ王に国を奪われ捕《と》らえられたが、王子だけは幸いにして逃れることができた。

王の死刑の日、王子は父の命を救う機会をねらったが、ついにその折もなく、父の哀れな姿を見守っていた。王は王子を見つけて「長く見てはならない。短く急いではならない。恨《うら》みは恨みなきによってのみ静まるものである」と、ひとり言のようにつぶやいた。この後王子は、ただいたずらに復讐《ふくしゅう》の道をたどった。機会を得て雇われ、ブラフマダッタ王に接近してその信任を得るに至った。

ブラフマダッタ王が猟に出たある日、王子は今日こそ目的を果たそうと、ひそかにはかって王を従者たちから引き離し、ただひとり王について山中を駆け回った。王はまったく疲れ果て、信任しているこの青年の膝を枕に、しばらくまどろんだ。いまこそ時がきたと、王子は刀を抜いて王の首に当てたが、その刹那《せつな》父の臨終のことばが思い出されて刺せずにいるうちに、突然王は目を覚まし、いま長災王の王子に首を刺されようとしている恐ろしい夢を見たと言う。

王子は刀を捨てて王の前にひざまずき、自分の素性《すじょう》を明かしてことの次第を話し、復讐しようとした罪をわびた。王は王子の父の長災王の遺言《ゆいごん》を聞いて大いに感動し、長災王の国を奪い殺した自分の罪をわびた。そして互いに許し合い、王は王子にはもとの国を返し、その後長く両国は親睦を深めた。

ここに「長く見てはならない」というのは、恨みを長く続かせるなということ。「短く見てはならない」というのは、信頼関係を破るのに急ぐなということである。恨みはもとより恨みによって静まるものではなく、恨みを忘れることによってのみ静まる。和合の教団においては、終始この物語の精神を味わうことが必要である。ひとり教団ばかりではない。世間の生活においても、このことはまた同様である（『律蔵大品《りつぞうだいほん》』趣意）。

親鸞《しんらん》さまは、お念仏《ねんぶつ》のはたらきによって恨みを超えさせられると言われています。

時空を超えた出あい

広島県の呉市で親せきの結婚式に出席するついでに中国地方を旅行したことがありました。私が寮長をしていた真々園学精寮《しんしんえんがくせいりょう》の寮生で、語学学校で英語の教師をしていたカナダ人と四泊五日で旅行をすることにしました。

いろいろなタイプの日本の安い宿の経験をさせてあげようと思い、広島市内ではシティホテルタイプの公共の宿、津和野ではユースホステル、萩では豊富な料理の民宿、秋吉台では絶景の国民宿舎を利用しました。山口からの帰途、時間があるので急きょ日本三名園の一つ、岡山の後楽園に立ち寄ることにしました。

市内バスに乗ろうと、岡山駅前の陸橋を渡っていたときのことです。前方からモントリオール（カナダの東部）のツアー一行がやってきて、彼は添乗員とフランス語であいさつをしました。「（モントリオールは日本から遠いので）滅多に会えないカナダのツアーとこんなところで会うとは」と驚いていました。

それから後楽園行きのバスに乗りました。身長が一・九メートルの友人は一番後ろの席、私は一つ置いた二つ前の席に座わりました。バスの発車を待っていると、後ろの老夫婦から聞き覚えのある方言が聞こえてきました。私は後ろを振り向いて聞きました。「失礼ですが、もしかしたら石川県の方ではありませんか?」『はい、そうです』最寄りの駅名で聞いたほうがわかりやすいと思いさらに尋ねました。「私は七尾線の良川《よしかわ》駅の近くですが……」『私たちもそうです』「私は尾崎の明泉寺《みょうせんじ》の桜井といいます」『あ、尾崎の……、私は袋井といいます』(夫人に向かって)「えっ、もしかしたら滝尾小学校の先生をされていた袋井先生ですか?」『はい、そうです』「私が小学校の二年生のときに、担任をされていた袋井先生ですね!?」『はい、滝尾小学校におりました』

後楽園の園内の茶席で先生ご夫妻から抹茶と和菓子のセットをごちそうになりました。二十六年ぶりであり私は小学校二年生でしたからお互いに顔などわかりませんでしたが、能登弁がとりもつ時空を超えた不思議な出会いでした。縁という目に見えない大きなはたらきを実感しました。一九八五年のことでした。

タクラマカン砂漠での再会

「三十九日間シルクロードひとり歩きの旅」をしたときのことです。

トルファンは中国の西側ウイグル自治区にあり、『西遊記』の火炎山《かえんざん》で有名な街です。多くの外国人旅行者が利用するホテルのレストランで、香港の三人娘と知り合いました。次の訪問先ウルムチでも同じホテルになり、地元民が行く近くの食堂で一緒に食事をしました。私は、「カシュガルまで路線バスで行きたかったが、帰国する飛行機に間に合わないので行きは飛行機にすることにした」と話すと、彼女たちも「同じ予定です」と言うので、翌朝六時に航空券を発売する窓口で待ち合せました。

ホテルに帰ってしばらくして、彼女たちはウルムチから九十キロ離れた観光地「天池《てんち》」に行くことに予定が変更になり、カシュガルには路線バスで向かうことになったことを私の部屋に伝えに来ました。「まだ私がカシュガルにいればそこで会いましょう」と彼女たちと握手をして別れました。

カシュガルでは老賓館《ろうぴんかん》というホテルに四泊しました。ツインで一泊一人四千円のところ、二十人で一部屋を使うドミトリーに泊まったので一泊百五十円でした。カシュガルからウルムチ行きの路線バスは、水曜日と日曜日の週二便しかありません。バスは、タクラマカン砂漠のオアシスに沿って東京から鹿児島あたりまでの距離を三日間かけて走ります。途中、アクスとコルラで平屋の三畳ほどの広さで床は土間、ベッドが置いてあるだけの簡易ホテルで宿泊しました。朝は八時に出発、オアシスで運転手と乗客の食事・休憩・トイレタイムをとり、十八時ごろに下車します。

二日目の午後、オアシスで約三十分の休憩をしました。私がトイレを済ませてバスに乗ろうとしたとき、ちょうど到着したバスから乗客が降りてきました。ふと見ると、香港の三人娘が降りてきたので驚きました。思わず手を取り合い、記念写真を撮影し、住所交換をしました。一分間ほどのできごとでした。中国にまだ新幹線も高速道路もない一九八六年のことでした。（本書五四頁図参照）

「網の目が互いにつながり合って網を作っているように、すべてのものはつながり合ってできている」（『勝鬘経《しょうまんぎょう》』）のですね。

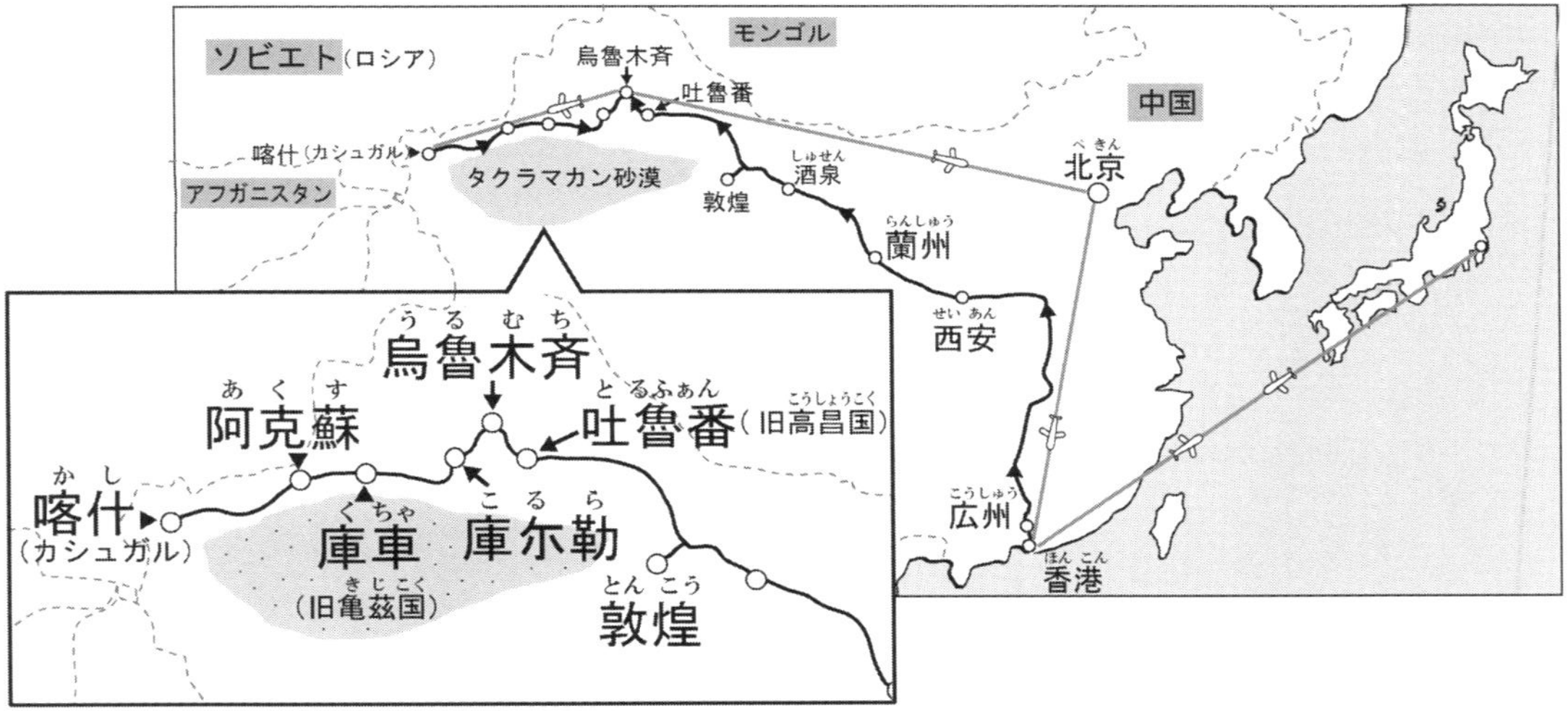

「三十九日間シルクロードひとり歩きの旅」行程（1986年）

仏滅のウソ

仏滅のウソ

大安《たいあん》は縁起がよく、仏滅《ぶつめつ》は縁起の悪い日なのでしょうか。

「仏滅」の日は地鎮祭《じちんさい》や上棟式《じょうとうしき》は行われず、「友引《ともびき》」の日は東京の火葬場のほとんどが休みとなります。「大安」は結婚・旅行・移転・開業などすべてに吉《きち》の日、「仏滅」は何をするにもよくない大凶《だいきょう》の日ともいわれます。読み方はいろいろありますが、「先勝《せんしょう》、友引、先負《せんぶ》、仏滅、大安、赤口《しゃっこう》」を合わせて「六曜《ろくよう》」と言います。

二千年以上前に中国で流行したすべての現象を六つに分けて考える「六行《ろくぎょう》」の流れをくむとか、時刻の良し悪しを占う「六壬《ろくじん》」が変化したもの。あるいは、陰陽《おんみょう》説と五行《ごぎょう》説が結びついた「陰陽五行思想《おんみょうごぎょう》」の流れをくむという説があります。

陰陽五行思想は、奈良時代に仏教や儒教とともに日本に伝わりました。平安時代になると、安倍晴明《あべのせいめい》などの陰陽師《おんみょうじ》が活躍し、ニセのお経と言われる『宿曜経《しゅくようきょう》』による占いが貴族の間ではやりました。江戸時代初期には、徳川家康・秀忠・家光と三代の将軍が天台宗の僧侶だった天海《てんかい》を重く用いました。天海は陰陽道を用いた助言をして、幕府の政策に影響を与えたといわれています。明治維新後は、仏教をしりぞける廃仏《はいぶつ》運動のために「物滅」が「仏滅」と変えられたとする説もあります。

お釈迦《しゃか》さまは二千四百年ほど前の方です。ネパールのルンビニで生まれ、三十五歳でさとりをひらき、東北インドのクシーナガルで八十歳でなくなられました（本書二〇頁図参照）。仏滅ということばを漢字の意味から見ると、ブッダが滅度《めつど》に入ることで、「滅度」とは煩悩《ぼんのう》を滅《めっ》して（なくして）さとりの境地に度る（渡る）ことです。縁起の悪い日ではなく、尊い日です。

お釈迦さまは、「愚かな者は、ただいたずらに災《わざわ》いをきらって幸いだけを求めるが、道を求めるものは、この二つをともに超えてそのいずれにも執着《しゅうじゃく》してはならない」（『涅槃経《ねはんぎょう》』）と言われています。

また、親鸞《しんらん》さまは「（仏教徒が）日がらの良い日を選び、吉凶《きっきょう》を占い、神をまつるなどを好むことは誤った教えにしたがうものです」（『正像末和讃《しょうぞうまつわさん》』）と、私たちがおちいりやすい落とし穴に落ちないように忠告されています。

仏教徒に喪はない

「喪中《もちゅう》につき」という年賀欠礼のハガキ、みなさんはどう思われますか?

私は「仏教徒が『喪中』のことばを使うことはおかしい」と思っていますので、相手に失礼にならないように「おめでとう」のことばは控えますが、例年のとおり年賀状を出すことにしています。

「喪」というのは、辞書には「死亡した人を追悼《ついとう》する礼。とくに人の死後、その親族が一定期間、世を避けて家に籠《こ》もり、身を慎《つつし》むこと」とあります。日本古来の習俗や神道《しんとう》は「死は穢《けが》れ」と見ますから、日本の神さまを信じている人が、仕事を休んで家に籠もり身を慎んでいるなら「喪中」でもいいでしょう。

「喪」に対して、仏教では「中陰《ちゅういん》」(中有《ちゅうう》ともいう)ということばを使いますね。人が死んで次の生を受けるまでの間をいいます。この世からあの世にいくまでの間で、死後四十九日間のことです。チベットにも同じ思想があります。

仏教がインドから日本に伝わるまでに、儒教や中国古来の習俗《しゅうぞく》の影響を強く受けました。人が死んだことを嫌ってさける意味で「忌《き》」と言い、決められた日や年に法事を営むようになったのもはじまりは中国です。

インドでも仏教以前から、人間が生まれ変わる輪廻《りんね》転生《てんしょう》の思想がありました。お釈《しゃ》迦《か》さまは、〈人間として生まれてきたのは、そうした輪廻によってふたたび迷いの世界に生まれないように、この世限りでまよいを断ち切って、来世ではさとりの国に生まれるためである〉という教えを説かれました。したがって、「中陰」の考え方は仏の教えを聞くようになるための手段として、後代になってから用いられたのでしょう。

さて、仏教とくに浄土教の立場から見ますと、仏を信じる人の息が絶えたら、中陰の暗い期間を経験せずに、すぐに仏さまの力で浄土に生まれさせていただくので、「往生《おうじょう》」と言います。ですからお釈迦さまの教えを信じる人が、亡くなった人を「穢れている」といって「喪に服す」のはおかしいのではないでしょうか。

葬儀のときに「清め塩」を渡されるところがあります。あなたを大切に育ててくれたお母さんが亡くなったら、「お母さんは穢れている」と思えるでしょうか。

福の神と貧乏神

節分の豆まきのとき、「鬼は外、福は内」と言いますね。自分に都合の悪いものはあっちへ、都合のいいものはこっちへ。気持ちはわかりますが、そうした考えでは、いつまでたっても「やすらぎ」は得られないと思います。

お釈迦《しゃか》さまが晩年に説かれた『涅槃経《ねはんぎょう》』におもしろい話があります。

ある家に、一人の美しい女性が着飾って訪ねてきました。その家の主人が「どなたでしょうか」と尋ねると、「私は人に富を与える福の神です」と答えました。主人は喜んでその女性を家にあげ手厚くもてなしました。

すると、すぐそのあとから粗末な身なりをした女性が入ってきました。主人が「だれか」と尋ねると、「私は貧乏神です」と答えました。主人は驚いてその女性を追い出そうとしました。

貧乏神は、「先ほどの福の神は私の姉です。私たち姉妹はいつもいっしょで離れたことはありません。私を追い出せば姉もいなくなります」と主人に言いました。そして貧乏神を追い出すと、美しい福の神もいなくなりました。

お釈迦さまは言われます。「生があれば死があり、幸いがあればわざわいがある。よいことがあれば、悪いことがある。人はこのことを知らなければならない。おろかな者は、ただいたずらにわざわいをきらって幸いだけを求めるが、道を求めるものは、この二つをともにこえて、そのいずれにもとらわれてはならない」。

この話は、「さとりとは、二つに分けないで一つと見る仏さまのものさし。人間の考えを超えた世界」「まよいとは、二つに分けて見る人間のものさし。人間の考え・とらわれの世界」を説いていると思います。

坐禅《ざぜん》をしたり念仏《ねんぶつ》を称えたりしていると、まよいの中にいながら、さとりの世界をちらっと見ることができます。完全に見えるようになるのは、肉体がなくなったあとですね。

人間万事塞翁が馬

お母さんといっしょに十六歳のMさんが真々園《しんしんえん》にお参りしました。行きづまると自殺する若者が多いので、若い人を見ると私はよく「人間万事塞翁が馬《ばんじさいおう》」の話をします。

中国の北の国境の塞《とりで》近くに、占いに長《た》けた老人が住んでいました。飼《か》っていた馬が隣の胡《こ》の国へ逃げてしまいました。

人びとが見舞いにくると、老人は「そのうちに福がくる」と言いました。すると、この逃げた馬が隣国の胡人の飼っている立派な馬を何頭か連れて戻ってきました。人びとが「よかった、よかった」と喜んでいると、今度は「これは禍《わざわい》をもたらすかも知れない」と老人は言いました。すると、胡の馬に乗った老人の息子は、落馬して足の骨を折ってしまいました。見舞いの人びとに、老人は「今度のことは、福をもたらすかも知れない」と言いました。

一年後、胡の軍が攻めこんできて戦《いくさ》になり、若者たちはほとんどが戦死しました。しかし、足を折った老人の息子は、兵役《へいえき》を免《まぬが》れたため、戦死しなくてすみました。

塞の近くに住んでいた老人（翁）の馬なので、「塞翁が馬」です。人生は、良いことと悪いこと（吉凶《きっきょう》）・災いと幸せ（禍福《かふく》）が予測できないことをたとえたものです。

まよいというのは、二つに分けてしか見ることができないこと。さとりというのは、分けられないものはそのままにして二つの違ったものを一つに見てゆく世界ですね。

お釈迦《しゃか》さまは、「仏の教えは、相反する二つを離れて、それらが別のものではないという真理をさとるのである」（『楞伽経《りょうがきょう》』）と説かれています。

禍福はあざなえる縄のごとし

大掃除が終わり、疲れてテレビをつけたまま寝てしまいました。

朝の四時半ごろに目が覚めたら、時代劇の「暴れん坊将軍」が放映されていました。世をはかなんで入水自殺をしようとした娘を助けた徳川第八代将軍吉宗の「『禍福《かふく》はあざなえる（よりあわせる）縄のごとし』と言うではないか。生きていればこそいいこともある」というセリフが聞こえてきて驚きました。アンテナを張っている（関心を持っている）と、受信するものなんですね。

調べてみましたら、中国の『史記《しき》』という歴史書の中にある言葉でした。「禍《わざわい》が福になり、福が禍のもとになったりして、この世の幸・不幸は、縄のより合わせたように、表裏をなすものだの意」とありました。

人間の生活・一生を一本の縄とすると、その縄は禍福の二つがより合わさって成り立っているということですね。

「人間万事塞翁《ばんじさいおう》が馬」はおもしろい話ですが、最後は幸せで終わることを予定して語られることが多いような気がします。また、一本の縄にたとえれば、バイオリズムのように好調期と不調期を交互に結び合わせたようで、私は物足りなさを感じていたようです。

「禍福はあざなえる縄のごとし」は、「表裏をなすもの」と説明してあるように、うまく言いあてていると思いました。

お釈迦《しゃか》さまは、「まよいがあるからさとりというのであって、まよいがなくなればさとりもなくなる。まよいを離れてさとりはなく、さとりを離れてまよいはない」(『四十二章経《しじゅうにしょうぎょう》』)と説かれています。違っている二つのものがそのまま一つ、が仏教の教えですね。

禍福をこえる念仏

「禍福《かふく》はあざなえる縄のごとし」。なるほどそのとおりです。それは事実ですが、いつまでたっても「やすらぎ」の境地にはなれないですね。それで、お釈迦《しゃか》さまは、禍福の二つをこえた境地、とらわれを離れた境地になれ、と言われたのでしょう。

お釈迦さまは、苦しみまよいのもとの「無明《むみょう》」をなくす方法として、さとりにいたる八つの正しい行い「八正道《はっしょうどう》」を実行することを教えられました。

一、正しい見方（正見《しょうけん》）
二、正しい考え（正思惟《しょうしゆい》）
三、正しい言葉（正語《しょうご》）
四、正しい行い（正業《しょうごう》）
五、正しい生活（正命《しょうみょう》）
六、正しい努力（正精進《しょうしょうじん》）

七、正しい思い（正念《しょうねん》）

八、正しい精神統一（正定《しょうじょう》）

この教えを実行できる人はその道をゆけばいいのですが、私のような煩悩《ぼんのう》の沼に沈んで自分の力では抜け出すことができない者はどうすればいいのでしょうか。

親鸞《しんらん》さまは、「お念仏《ねんぶつ》を称えていると、そこに仏さまのさとり（無分別《むふんべつ》）の智慧《ちえ》がはたらいてくださって、まよい（無明《むみょう》、分別）の心が破られ、悩みから解放（解脱《げだつ》）させてくださる」（「み名《な》を称するに、よく衆生《しゅじょう》一切の無明を破し……」。『教行信証《きょうぎょうしんしょう》』）と言われています。お念仏《ねんぶつ》を称える生活をしていると、禍と福を二つに分けて悩んでいても、悩みのただ中で、とらわれを離れた見方ができる、ということですね。

お釈迦さまは、仏の教えを求めるすべての人の「目標」を説かれ、親鸞さまは、自分中心の見方しかできないおろかな人でも「目標」に到達できる「方法」を説かれているように思います。

仏さまは、はたらき

目に見えない大きなはたらき、宇宙に満ち満ちてはたらく大きな力を、私は「仏さま」と言っています。

「仏さま」とは、サッカーでいえば出場する選手全員のこと。選手の中でもゴールを守る人を「ゴールキーパー」、攻める人を「フォワード」と言うように、「お釈迦《しゃか》さま」とか「阿弥陀《あみだ》さま」と言うのは「ゴールキーパー」や「フォワード」にあたります。全体の名前で言うか、守るポジションで言うかの違いです。ですから、呼び方が違うだけで、中身は同じです。

仏さまの中で、極楽浄土におられる仏さまを、「阿弥陀さま」「阿弥陀仏」「阿弥陀如来《にょらい》」と言います。「如来」とは、さとり（如《にょ》）の世界から来た仏さま。まよいの人びとを救うために、さとりの世界とまよいの世界を行ったり来たりしている仏さまという意味です。仏さまの深い慈悲が感じられます。

「お釈迦さま」は、釈迦族の尊い人という意味で、人間の姿をした歴史上の仏さまです。ほかにも人びとを病気の苦しみから救う「薬師如来《やくし》」、すべての人に光をあてる「大日如来《だいにち》」などもいらっしゃいます。

ほんとうの仏さまは形ではなくはたらきですが、お釈迦さまがなくなられたあと子どもでもわかるように仏像としてあらわすようになりました。奈良東大寺の大仏は高さが約十五メートルありますが、無限大の大きさをあらわすために、あれほど大きな仏像としてつくられたと言われています。

仏さまを怖《おそ》れ敬《うやま》う思いが起きてくると、自分を反省する作用が起きてきます。平気でうそをついたり、自分の都合の悪いことを隠したりすれば世の中はどんどん悪くなっていきます。

また、自分はまよいの中にいることに気づかされることが大事なことです。自分中心的な目で見るのではなく、損得、利害を離れた目で見る。そうした「気づかせてくださる」はたらきを「仏さま」と言います。それは、坐禅《さぜん》や念仏《ねんぶつ》という実践をとおして気づかされ、養われます。

南無阿弥陀仏の意味（1）

「念仏《ねんぶつ》」とは「南無阿弥陀仏《なむあみだぶつ》」のことです。

仏さまの名前を心に念じること、口に出して言うことです。仏さまの名前とは「阿弥陀仏」ですが、称えるときは「南無阿弥陀仏」と一つにして言います。

お経がインドから中国にわたって漢文に翻訳されたとき、一部の言葉は、発音と意味の二つから訳されました。たとえば、「ダーナ（Dāna）」は発音で「檀那《だんな》」、意味で「布施」です。人びとに布施をする人が檀那さんです。檀那さんを自認する人なら人びとに布施をしなければなりませんね。

インドの古い言葉サンスクリットで、「南無阿弥陀仏」は「ナモ　アミターバ　アミターユス　タターガタ」といいます。漢文に翻訳されるとき、発音をとって「南無阿弥陀仏」、意味をとって「帰命尽十方無碍光如来《きみょうじんじっぽうむげこうにょらい》」と訳されました。

意味から訳された「帰命尽十方無碍光如来」は、「ナモ」は「帰命」で信じしたがう。

「アミターバ」は量ることができない光（空間）、「アミターユス」は量ることができない寿命（時間）、合わせて人間の頭では考えのおよばない時間と空間を成り立たせるもの。「尽十方無碍光」の「尽」はことごとく、「十方」は、東・西・南・北、東南・西南・東北・西北に上下合わせて十方、「無碍光」は妨げられない光、光と寿命。「タターガタ」はさとり（真如）の世界から来た「如来」。インドの天親《てんじん》（世親《せしん》）菩薩《ぼさつ》が訳されました。

発音から訳された「南無阿弥陀仏」は、最初の「ナモ　アミターバ」が訳されたものです。「ナモ」は空間（アミターバ）と時間（アミターユス）の両方にかかっています。アミターの「ア」は否定語、「ミター」は量る意味ですので、「アミター」で量ることのできない、人間の知恵・分別《ふんべつ》を超えているので頭で量ることができない。人間がものを二つに分けて見る心「分別」「煩悩《ぼんのう》」「無明《むみょう》」にさまたげられない、と解釈するといいですね。

意味からも発音からも、「南無阿弥陀仏」とは「時間・空間を超えた大きなはたらきの仏さまに信じしたがいます」ということであるとわかりますね。

南無阿弥陀仏の意味（2）

「アミターバ」の「ア」は否定をあらわしますが、大変深い意味があると私は思います。数字で言えば「ゼロ」に当たるのではないでしょうか。どんな数字でもゼロを掛ければゼロになります。

「アミターバ」は量ることのできない空間、「アミターユス」は量ることのできない時間。それで「無量光《むりょうこう》」「無量寿《じゅ》」と訳されています。無量光だけの表記には無量寿も含まれています。空間と時間をおりなす仏です。

「如来《にょらい》」と訳されたタターガタは、タター＋アーガタ。タターは「如実に（過去の仏と同じように）真実から来た」。アーガタは「来た」の意味ですが、ガタに「去った、さとった」の意味があるので、のちに「行ったり来たり」と理解されるようになりました。煩悩《ぼんのう》にまみれた私たちを救うために、慈悲にあふれた仏さまはさとりの世界にとどまっているだけでなく、さとりとまよいの世界を「行ったり来たり」されています。

そして私たちをいつでもすぐに救うために、浄土真宗の本尊の阿弥陀《あみだ》如来は立っていらっしゃるんですね。親鸞《しんらん》さまは、形にとらわれないように、仏像ではなく名号《みょうごう》（仏さまの名前）と呼ばれる「帰命尽十方無碍光如来《きみょうじんじっぽうむげこうにょらい》」を本尊とされました。

親鸞さまは「帰命尽十方無碍光如来」の「無碍というのは煩悩にまみれた人間の悪い業《ごう》（過去につくった行い）に妨げられない」と言われています。否定を表すアミターの「ア」の意味にぴったり合うのではないでしょうか。

念仏《ねんぶつ》を呪文のように思う人がいると思いますが、このように念仏には深い意味があります。念仏が途絶えると煩悩の思いが人間を支配するので、続けて称えることをすすめています。坐禅《ざぜん》と同じように精神統一の世界サマーディ「三昧《さんまい》」の境地になるところに、とくに仏さまがはたらいてくださいます。

浄土真宗では、親鸞さまが書かれた『正信偈《しょうしんげ》』を毎朝夕に読む習慣があります。その最初に出てくることばが「帰命無量寿如来、南無不可思議光」です。限りない命の如来に帰命し、思い量ることのできない光の如来に帰依《きえ》したてまつります、という意味ですね。

南無阿弥陀仏と南無妙法蓮華経

同じ仏教なのに、最近まで「法華《ほっけ》と念仏《ねんぶつ》は犬猿の仲」と言われていました。「法華」とは本来は比叡山の天台宗のことでしたが、今は『法華経《ほけきょう》』をよりどころとして日蓮《にちれん》さまが「南無妙法蓮華経《なむみょうほうれんげきょう》」と唱えることをすすめられた日蓮宗をさします。「念仏」とは「浄土三部経《じょうどさんぶきょう》」（『大無量寿経《だいむりょうじゅきょう》』『観無量寿経《かんむりょうじゅきょう》』『阿弥陀経《あみだきょう》』）をよりどころとして法然《ほうねん》さまが「南無阿弥陀仏《なむあみだぶつ》」と称えることをすすめられた浄土宗（ここでは親鸞《しんらん》さまの浄土真宗も含める）をさします。

『法華経』というのは『妙法蓮華経』を省略した言い方です。インドの古いことばでは「サッダルマプンダリーカスートラ」と言います。正しい（sad）真理の教え（dharma）をあらわしたお経（sūtra）を、白蓮華《びゃくれんげ》（puṇḍarīka）にたとえられています。

念仏のことが書いてある『観無量寿経』というお経には、念仏を称える人のことを、蓮の中でも最もすばらしい白い蓮にたとえて「分陀利華《ふんだりけ》」とあります。サンスクリットの「プンダリーカ」の発音を漢字に当てはめたもので、意味は「白蓮華」です。「南無」ということばは「信じ、したがいます」という意味ですから、「南無妙法蓮華経」は〈『法華経』を信じ、したがいます〉。「南無阿弥陀仏」は〈阿弥陀仏を信じ、したがいます〉となります。お経を白い蓮華にたとえた教えと、人を白い蓮華にたとえた教えです。蓮は泥水《どろみず》の汚いところできれいな華を咲かせます。お釈迦《しゃか》さまは、その泥水のような現実の社会こそ仏さまの声が聞こえるところ、如来《にょらい》のはたらき場所といわれています。人間の煩悩《ぼんのう》の泥の中に仏さまの信心が生《しょう》じてくださいます。

法然さまが比叡山を下りて、中国から伝わってきた念仏を称えること（称名《しょうみょう》）をひろめられたのは一一七五年。日蓮さまが比叡山を下りて題目を唱えること（唱題《しょうだい》）をひろめられたのは一二五三年。唱題を初めてすすめたのは、日蓮さまだと自身がいわれています。法然さまも日蓮さまも「となえる」という実践をすすめ民衆が救われる道を説かれました。

それぞれの信徒さんにとっては縁ある教えが一番でしょうが、仲間以外と接する場合は一歩引いて、多様性を認めながら相手の縁のある道も尊んでいきましょう。

漢字の二つの読み方

仏教のことばは、学校で習った読み方と違うので変な読み方だと思う人がいます。漢字は中国で紀元前十三世紀にできたといわれていて、三千年以上の歴史があります。日本に漢字が伝わってきた五世紀ごろは、日本は古墳時代といわれ大和《やまと》朝廷がおさめていました。朝鮮半島は北の高句麗《こうくり》、南の新羅《しらぎ》と百済《くだら》の三国に分かれていました。中国は、北方の北魏《ほくぎ》と南方の宋《そう》に分かれていて、南北朝時代といっていました。

朝鮮半島では高句麗と新羅・百済が対立していたので、中国の協力を得るため北の高句麗は北魏と、南の新羅・百済は宋と友好関係を結んでいました。百済は日本に助けを求め、逃げてくる人も多くいました。そうした人によっていろいろな文化が日本に伝えられ、漢字も入ってきました。当時、日本はまだ国として整備されていなかったので、彼らは大和朝廷のもとで記録をする仕事につき、飛鳥時代・奈良時代の日本に政治的にも文化的にも大きな影響を与えました。

このように、高句麗は北魏で使われていた「漢音読み《かんおん》」を、新羅・百済は宋（呉地《ご》方）で使われていた「呉音読み《ごおん》」をしていました。それで日本は当初百済で使われていた「呉音読み」をしていたのです。たとえば、「人間」は呉音読みで「ニンゲン」、漢音読みで「ジンカン」です。その後、奈良時代のお坊さんによって「カタカナ」が考案され、平安時代の貴族の女性によって「ひらがな」が考案されました。

中国は南北朝のあと隋《ずい》によって統一され、その後の唐時代には、長安（現在の西安）の都で読み方を「漢音読み」を正しい音声《おんせい》とすることになりました。日本は、遣隋《けんずい》使《し》・遣唐使《けんとうし》を派遣し長安と深い関係にありましたから、中国が「漢音読み」を正しい音声とすることになったので大問題になりました。そして、唐にならって日本も「漢音読み」を正しい音声とすることになりました。しかし、奈良時代以前から「呉音読み」が仏教僧らに使われていたことや、「キョウダイ」（兄弟。漢音読みではケイテイ）などの日常生活のことばとして使われていたのでそのまま残すことになりました。

このように、身近な漢字の読み方が朝鮮半島や中国大陸の政治状況と深いかかわりをもって日本に影響をおよぼしたことは興味深いですね。（本書七八頁図参照）

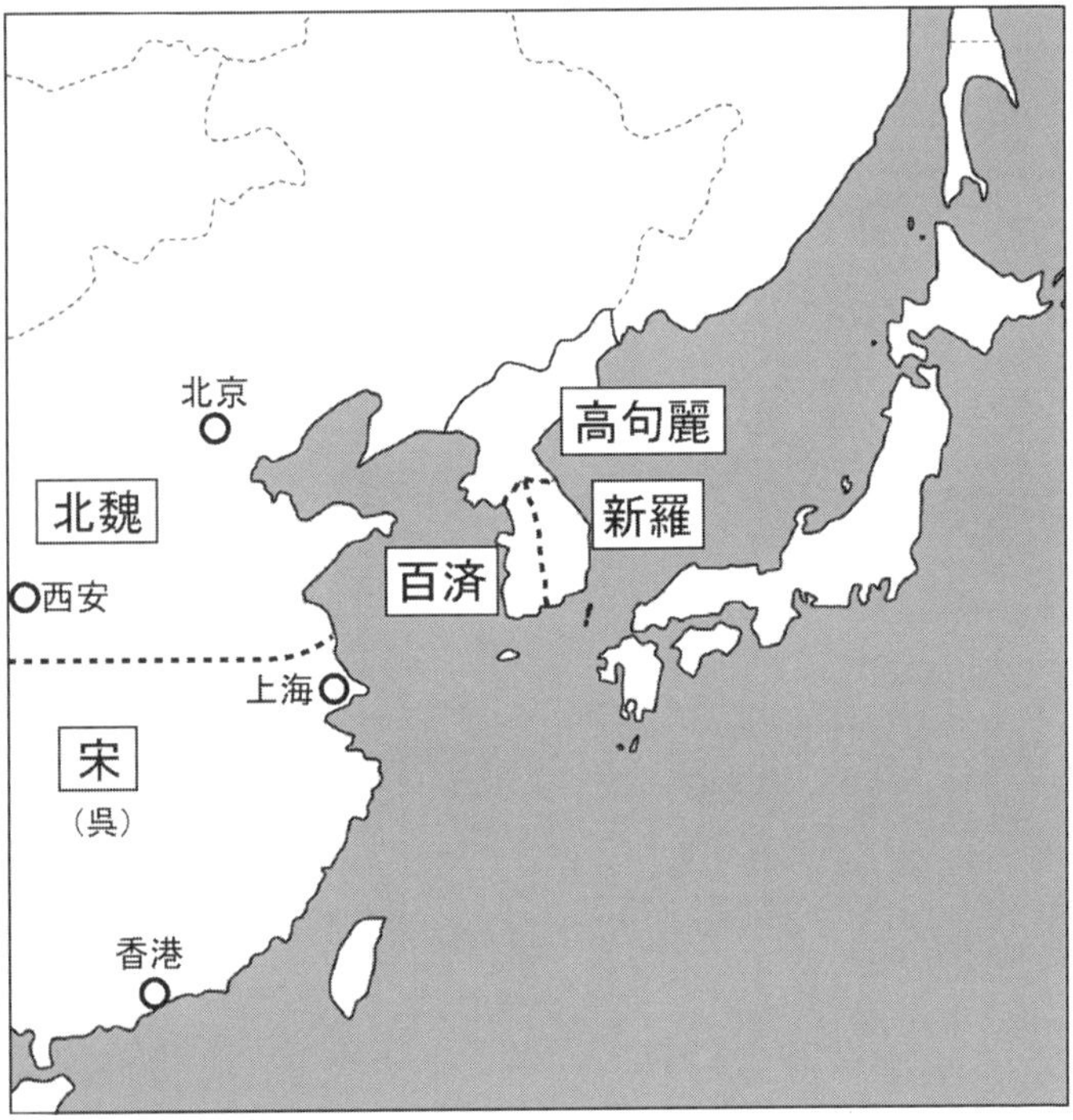

漢字が日本に伝わったころの中国大陸と朝鮮半島

コロナ病棟にて

コロナ病棟にて

新型コロナウイルス感染症が流行して二年目（二〇二一年）に、私も感染して入院しました。入院中に二度危険な状態におちいり、急変に備えて集中治療室に計二十日間お世話になりました。持ち込み可能のスマートフォンにその時の思いを記しておきました。

入院して十二日目、ついにその日が来た。血中酸素濃度が低下して自力で呼吸ができないので、最終段階の強力な人工呼吸器のマスクに付け替えられた。あと何回呼吸ができるのだろう。一回一回が最後の呼吸だ。酸素がうすくなって呼吸ができず、スーッと息ができなくなるのだろう。

仏さまの国はこの世とあの世は分かれていないが、凡人の私にはこの世とあの世は分かれている。一歩先は光の国。阿弥陀《あみだ》さまと二人連れ。口から出る「南無阿弥陀仏」。それがほんとうの阿弥陀さま。目に見えなくても阿弥陀さまをさがす必要はない。「南無阿弥陀仏……」。

今さらジタバタする気はない。覚悟はできている。すべてを阿弥陀さまの御手《みて》にゆだねたのだから、光の国へゆく気持ちは晴れやか。光の国からふたたびこの世に戻って、お釈迦《しゃか》さまのように自由自在に人びとを救うことができるという（還相回向《げんそうえこう》）。この世での人びとを救うリハーサルを終えて、いよいよ本舞台。

「桜井さん、苦しくないですか？」。医師が何度か声をかけた。私は首を横に振った。自分の人生に悔いはない。だけど整理途中の父の本を出せなかったことは後悔が残る。その本によって後世に多くの人が救われるのに。

「阿弥陀さま、もう少しこの世においてもらえませんか？」

「それほど言うなら、もう少し仕事をしてきなさい」

声なき声が聞こえた。………

「桜井さん、ギリギリの状態でしたよ」と医師の声。

「桜井さん、命をとりとめましたよ」と別の医師の声。

願いがかなった。うれしかった。涙が出てきた。

集中治療室

東京女子医科大学病院西病棟の四階が、私がお世話になった集中治療室（ＩＣＵ）のある階でした。

新型コロナウイルス感染者用に急きょ改造されたのか、四階の一角が区切られて、窓側は自然光が取り込めるように凹型のゆるい曲線になっています。四つのベッドが横に並び、その奥に個室が一室。ベッドの前の中央に看護師のデスクがあり、患者全体に目が届くので、患者には大変安心感がありました。この配置は臨時病院の参考になりそうです。

二十日間のうち、私一人のときが数日ありましたが、たいてい二人か三人でした。個室に移動になったときは心細く感じたので、ドアは常時開けていました。

看護師の方々は、防護服を着て、八時出勤、十八時退勤。夜勤は十七時出勤、翌朝九時退勤。東京女子医科大学の病院なので女性が主で、男性看護師もときどき見かけました。看護師は朝出勤すると夜勤から業務の引継ぎをします。夜勤の看護師が朝の体温検査・血圧測定・血糖値測定を行います。七時ごろにはレントゲン撮影の補助、毎食前には血糖値の数値によって量が変わる注射。配膳、下げ膳、薬の服用、排尿の準備と処理。そのほかに週に一～二回、体拭き、洗髪、シーツ交換と、医療業務以外の仕事までこなし、激務のほどが伝わってきました。

患者の一日は、朝六時半に院内の照明が点灯されて起床、各種検査、八時朝食、十二時昼食、十八時夕食、二十二時消灯です。

私が退院して一か月後の八月には東京都で五千人を超える感染者が出て、医療崩壊をおこし、自宅療養を強《し》いられた人の中に犠牲者が出ました。私も感染が二か月遅れていたら犠牲になっていたかもしれません。

「人の役に立ちたい」「人の命を救いたい」という医療にたずさわる関係者の志に敬服しました。そして、看護師たちの志は仏になる種「仏性《ぶっしょう》」（大悲心《だいひしん》）が開発されたからと思うと、重ね合わせて尊く思いました。

悪い年ではなく貴重な年

年末は別れぎわに「よいお年を！」とあいさつをしますね。私もそう言っておりました。しかし、よく考えてみますと「昨年はよい年であったか、悪い年であったか」と聞かれたら、私は新型コロナウイルスに感染して二か月入院したのですから、本来なら「悪い年だった」と答えるべきでしょうが、そう思えないですね。「貴重な年だった。ありがたい年だった」というのが実感です。後遺症が重度でなかったからかも知れません。しかし、自分にとってあまりよくないことがおきると、友人からよく「厄《やく》払いをしたら」と言われます。

入院して感じたことをまとめると次の六点です。

①ものを二つに分けて見るまよいの目では浄土《じょうど》とこの世は分かれているが、さとりの仏さまの目では浄土とこの世は一つ。

②浄土は人間の思い・考えを超えた世界。

③念仏《ねんぶつ》はほんとうの仏さま。仏さまとははたらきのこと。

④仏さまが見える人と見えない人がいる。私にはお迎えの仏さまは見えなかったが、六十年前、中学生でなくなった三歳年上の姉には部屋に仏さまが満ちて見えた。

⑤死の間際に「お花畑」を見た話をよく聞くが、生前の信仰によるのではないだろうか。私には光の世界に感じられた。

⑥死（時間）を直線的に見るから暗く怖い。

「前世は猫だった」とか「今度生まれ変わったら……」と輪廻転生《りんねてんしょう》を語りながら、本音は「死んだら灰になって終わり」と言う人が多いようです。死を〈直線的〉にとらえているからではないでしょうか。阿弥陀《あみだ》さまのはたらきで、この世に還《かえ》ってきて自由自在に人びとを救う「還相回向《げんそうえこう》」の楽しみがあります。時間を〈円環的〉に見る意味がここにあります。私は、すべてを阿弥陀さまに任せたので恐怖をまったく感じることなく、たんたんと死に臨《のぞ》むことができたのだと思っています。

時間を円環的に見る

浄土真宗に関心のある友人に「死んだ先はどんなところだと思うか？」と尋ねました。「真っ白な世界、無の世界だと思う」と答えられ、「親鸞《しんらん》さまの教えはもっと確かな教えなのにもったいない……」と思いました。その後、同じ質問をほかの人たちにもしたところ、ほとんど同じような答えが返ってきました。

何のために人と生まれてきたのでしょうか。まよいの世界からさとりの世界に乗り換えるため、仏さまにな（成）る、「成仏《じょうぶつ》」するためです。お釈迦《しゃか》さまの教えを信じる人は、人間の体がなくなって完全なさとりに入り仏さまになります。仏さまはまよいの人びとを救うことが仕事ですから、成仏したら苦しむ人びとを救う仕事がありますす。すると、仏さまになったら「はたらき」となって、浄土《じょうど》からこの世に戻ってきて人びとを救うことになります。ですから仏となったらそれで終わりではないですね。

親鸞さまは「還相回向《げんそうえこう》」という難しいことばを使われましたが、特別なことをいわれたのではなく、お釈迦さまが説かれた当たり前のことをいわれたのだと思います。

「この世はリハーサル、浄土は本舞台」と父からよく聞かされました。親鸞さまも書物（『教行信証《きょうぎょうしんしょう》』）の中で真っ先に「還相回向」について書かれています。

死に対して「恐ろしいこと」「怖《こわ》いこと」と思う人が多いようです。死んだら無の世界に行きっぱなしと思うからそう思うのでしょう。時代劇やドラマでは、死んだ人を「ホトケ」と呼んでいますが、それは「死人《しにん》」という意味に使われているだけです。信仰もないお釈迦さまの教えを信じない人が仏になるのはおかしいですね。

時間を直線的に見ると「この世ですべて終わり」でお先真っ暗のように思いますが、親鸞さまのように円環的に見ると、またその先に楽しみがあります。私は、新型コロナウイルスにかかって死の危機に二度直面したとき、不安になることもなく「阿弥陀《あみだ》さまの御心《みこころ》のままに」という思いでした。安らかな気持ちで人生を終わりたいものです。

人間駅は乗り換え駅

日本に伝わった仏教では、六つのまよいの世界「六道《ろくどう》」（地獄・餓鬼《がき》・畜生・修羅《しゅら》・人間・天《てん》）を車輪のように回って生まれたり死んだりして「輪廻《りんね》」を繰り返す、と説きます。人間に生まれた意味は、まよいを転じてさとりを開く「転迷開悟《てんめいかいご》」にあります。父が描いた「六道輪廻と還相回向《げんそうえこう》」の図（本書九〇頁）はわかりやすいと好評を得ています。そこには「真っ暗な六道輪廻の内回り線から、景色満点の還相回向の外回り線に乗り換える駅が『人間駅』です」という内容のことが書いてあります。

平安時代に地獄の様子をくわしく説いた源信僧都《げんしんそうず》は、六道をグルグル回るうちにたまたま地獄で仏さまにあう機会に恵まれ、一分間の休憩をもらって人間の世界に生まれてきた、といわれています。

《人間に生まれた意味は、まよいからさとりへ乗り換えるため》です。乗り換えてどうするのでしょうか。仏さまになって（成仏して）、苦しみ悩む人びとを救います。

この世では思うように人びとを救うことができなかったので、仏さまになってお釈迦《しゃか》さまのように人びとを救います。人間の世界に還《かえ》りゆく相《すがた》「還相」をあらわすことは人間の力では不可能ですから、阿弥陀《あみだ》さまのはたらきをふりむけて（回向）いただくわけですね。ですから、さとりを求めて仏教の教えを聞いて実践することが大切です。親鸞さまは「還相回向」ということばを使われていますが、一般の人にはなじみがないので私は「円環的」ということばを使います。入院したことで、「直線的」に見るか「円環的」に見るかで大きな違いがあることを実感しました。

そのことをお釈迦さまは、「いま仏の力によって彼岸の浄土に入った仏の子らは、再びそれぞれ縁ある世界に帰って、仏の仕事に参加する」（『大無量寿経《だいむりょうじゅきょう》』）と言われています。

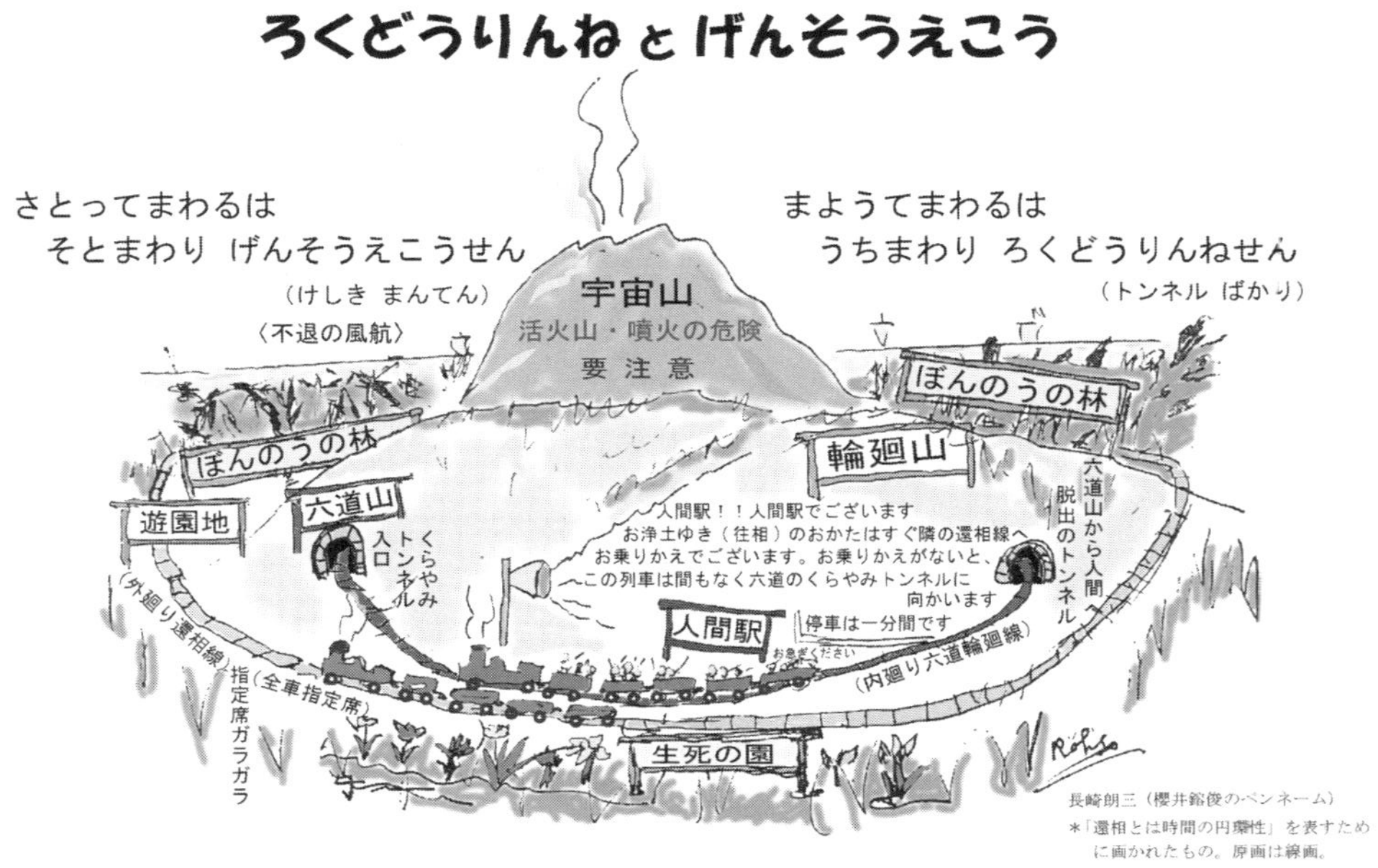
ろくどうりんね と げんそうえこう
さとってまわるは
そとまわり げんそうえこうせん
（けしき まんてん）
〈不退の風航〉
まようてまわるは
うちまわり ろくどうりんねせん
（トンネル ばかり）
宇宙山
活火山・噴火の危険
要注意
ぼんのうの林
ぼんのうの林
輪廻山
遊園地
六道山
くらやみトンネル入口
六道山から人間脱出のトンネル
人間駅！！人間駅でございます
お浄土ゆき（往相）のおかたはすぐ隣の還相線へ
お乗りかえでございます。お乗りかえがないと、
この列車は間もなく六道のくらやみトンネルに
向かいます
人間駅
停車は一分間です
お急ぎください
（内廻り六道輪廻線）
（外廻り還相線）
（全車指定席）
指定席ガラガラ
生死の園
Rohso
長崎朗三（櫻井鎔俊のペンネーム）
＊「還相とは時間の円環性」を表すために画かれたもの。原画は線画。

六道輪廻と還相回向

あとがき

「仏教は他の『信じる宗教』とは異なり、『目覚める宗教』と言えるので、修行が求められました」（仏教伝道協会発行『精進』より）と、中村元先生のご縁で親交をいただいている武蔵野大学名誉教授のケネス田中先生はいわれています。ご自身の信仰体験はもとより、アメリカで仏教初心者相手に布教をされてきたご経験から出てきた表現だと思われます。オウム真理教や統一教会の問題で、一般に「宗教は盲信的なもの、怖いもの」という印象を持たれているので、私は、「大きなはたらきに生かされていることに気づくこと、目覚めること。煩悩にさまたげられて真実が見えない自分に気づかされること、目覚めさせられること。そこに仏さまとの出会いがある」と、日ごろから言っているので冒頭のことばに共感しました。

お釈迦さまは、「仏の境地は、まよえる人びとの考えを超えており、ことばでは説きつくすことはできないが、しいてその境地を示そうとすれば、たとえによるほかはない」（『楞伽経』）と言われています。そして「聞いただけでは、仏の教えを身をもって自分のものにすることはできない。仏の教えは行うものである」（『涅槃経』）と言われました。仏の教えを聞くことは大切ですが、念仏を称えたり坐禅をしたり実践をとおさなければわかりません。その実践の中で、人間の知恵を超えた大きなはたらき――仏さまがはたらくからです。

本書では、ことばで表わせない世界を、一般の人が興味がありそうな話題をたとえとして、お釈迦さま・聖徳太子・親鸞聖人の教えに結びつけて味わってみました。私の学問の師は中村元先生、信仰の師は父・桜井鎔俊和上《わじょう》で、本書に書いたことの多くは両師から教えられたことが元になっております。

宗教離れといわれて久しい今日ですが、令和になってとくに倫理・道徳が乱れてきたように感じます。人びとは内面では心のやすらぎを求めていても、そうした話を聞く機会があまりにも少ないようです。お寺にお参りする人も激減しました。少子化に加え家族葬が増え、子どもたちはお坊さんをとおして仏教に触れる機会が減りました。そうした仏教に触れたことのない人たちに少しでも関心をもってもらいたい、お寺参りの橋渡しになるようにしたい、その入口になれば、と願って執筆しました。

二〇二〇年、世界中に拡大した新型コロナウイルスは、三年間で感染者三億二千万人（日本三三〇〇万人）、死者五五三万人（日本七万三千人。二〇二三年一月現在）になり、人類に大きな被害を与えました。感染拡大予防のために外出禁止などで人の流れは止められ、自粛要請の補償金では維持できない飲食店は閉店し、従業員の離職者も増大し経済は大打撃を受けました。また、重症者は死と直接向き合うことになり、不安にさいなまれる人も多くいました。

私は、ワクチン接種予定日の二週間前に陽性反応が出て東京女子医科大学病院で治療を、その後聖母病院でリハビリのために、二か月間入院しました。治療した病院では、症状が落ち着いてコロナ一般病棟に移動したのでしたが、翌日体調が悪化したためふたたび集中治療室に戻され急変にそなえて合計二十日間お世話になりました。肺はズタズタになりましたが、動きにくい感染防護服を着て二十四時間の治療と看護にあたっていただいた医療関係者の皆さまのお陰で社会復帰することができました。ことばにあらわせないほどのご恩を感じ、与えられた命であることを強く感じております。本書後半の「コロナ病棟にて」の記事は、集中治療室で頭にめぐったことを持ち込み可能のスマートフォンに記したものです。あの世に片足を踏み込んできた体験が、少しでも皆さまのご参考になればと思って発表しました。

この文章は、年二回発行の念仏実践道場真々園の機関誌『真々園だより』に掲載したものや、真々園の月例行事や「花まつり」で語った法話のほか、入院中の病院で書き下ろしたものです。前作『心に響く3分間法話　やわらか子ども法話』（英語版の電子書籍“Gentle budhhist stories for children: Little life lessons that will resonate in their hearts" も Amazon の Kindle ストアから発売中）は小学生やお母さんを念頭に置いて記しましたが、基本的な仏教語にもっと親しんでいただきたいと思い、本書は中学生を念頭に置いています。

随所に紹介した「お釈迦さまのことば」は、誰にでもわかりやすく表現されている仏教伝道協会発行の『仏教聖典』から引用しました（理解しやすいように一部変更した箇所があります）。聖書が世界のホテルの各部屋に置かれていることにならって『仏教聖典』も置かれています。ぜひお手元に置いて、もっともっと仏教に親しんでいただきたいと思います。

私は「南無阿弥陀仏」と称えるお念仏にご縁がありましたので、そこで経験した世界、感じた世界を記しましたが、読者の皆さまそれぞれの縁に合わせてその道を進んでいただいて、心安らぐ教えに出会っていただけるように願っております。

発行にあたり、前作に続いて法藏館の戸城三千代様、編集担当の満田みすず様に多大なお力添えをいただきました。心より御礼申し上げます。

二〇二三年七月

桜井俊彦

桜井　俊彦（さくらい　としひこ）

1951年、石川県中能登町明泉寺に生まれる。

1976～2016年、東方学院研究会員。24年間、学院長中村元博士の指導を受ける。

1991～1992年、東京仏教学院本科。

2008年、宗教法人真々園園主に就任し、現在に至る。

月刊誌『真仏教』（真仏教協会）の編集を経て、現在、機関紙『真々園だより』の編集発行人。

著書など
『インド仏跡ガイド』（法藏館）。

『心に響く３分間法話　やわらか子ども法話』（法藏館）、英語版電子書籍“Gentle budhhist stories for children: Little life lessons that will resonate in their hearts”もAmazonのKindleストアから発売中。

「よき同朋とともに、ひたすら「南無阿弥陀仏」六十周年を迎えた「真々園」」（『現代宗教評論』第２号、たちばな出版）。

その他、『真々園だより』に掲載稿多数。

心に響く3分間法話
やさしい仏教の話

二〇二三年一〇月二〇日　初版第一刷発行

著　者　桜井俊彦
発行者　西村明高
発行所　株式会社　法藏館
京都市下京区正面通烏丸東入
郵便番号　六〇〇-八一五三
電話　〇七五-三四三-〇〇三〇（編集）
〇七五-三四三-五六五六（営業）

装幀　名子　昇
印刷　亜細亜印刷株式会社

ISBN 978-4-8318-8979-9 C0015